Ole and the Magical Cat: Short Stories in Danish for Beginners

Artici Bilingual Books

Published by Artici Bilingual Books, 2024.

While every precaution has been taken in the preparation of this book, the publisher assumes no responsibility for errors or omissions, or for damages resulting from the use of the information contained herein.

OLE AND THE MAGICAL CAT: SHORT STORIES IN DANISH FOR BEGINNERS

First edition. May 14, 2024.

Copyright © 2024 Artici Bilingual Books.

ISBN: 979-8224232703

Written by Artici Bilingual Books.

Table of Contents

Nordenvindens Hvisken

I den maleriske danske landsby Himmelhaven, der ligger mellem rullende bakker og slyngende strømme, boede en ung kvinde ved navn Astrid. Hun var kendt for sit vilde sind og sin uendelige nysgerrighed, egenskaber der ofte førte hende på rejser både i sindet og hjertet. Men under hendes livlige facade lå en dyb længsel, en længsel efter noget ud over de trivielle rytmer i landsbylivet.

Fra en ung alder var Astrid blevet fascineret af historierne om Nordenvinden. Det blev sagt, at vinden bar med sig universets hemmeligheder, hviskede dem til dem, der turde at lytte. Mange afviste disse fortællinger som ren folklore, men Astrid fornemmede, at der var sandhed skjult inden i dem.

En skarp efterårs morgen, mens bladene dansede i vinden, og luften var fyldt med duften af æbler, traf Astrid en beslutning, der ville ændre hendes livsforløb. Med en følelse af beslutsomhed brændende i sit bryst begav hun sig ud på en rejse for at søge den flygtige Nordenvind.

Hendes vej førte hende gennem tætte skove og over vidtstrakte marker, hvor hun mødte fremmede, der delte fortællinger om deres egne møder med vinden. Nogle talte om dens magt til at bringe stor forandring, mens andre advarede om de farer, der lå og ventede på dem, der turde at søge den.

Ufortrødent pressede Astrid på, hendes hjerte fyldt med en følelse af formål, hun aldrig før havde kendt til. Undervejs mødte hun en ung mand ved navn Henrik, hvis øjne bar den samme gnist af nysgerrighed som hendes egne. Sammen rejste de tværs over Danmarks barske landskab, deres sjæle forbundet i en søgen efter sandhed og mening.

Mens de rejste dybere ind i landskabets hjerte, stødte de på udfordringer, der testede deres beslutsomhed. De stod over for farlige storme og uoverstigeligt terræn, men gennem det hele holdt de fast i hinanden, trak styrke fra deres bånd.

Endelig, efter uger med rejse, nåede de den nordligste spids af Danmark, hvor vinden blæste vildere end noget andet sted. Stående på verdens kant følte Astrid og Henrik en følelse af ærefrygt skylle over dem. Det var her, i dette øjeblik, at de forstod Nordenvindens sande kraft.

Med en følelse af ærefrygt lukkede Astrid øjnene og lod vinden omslutte hende, dens hvisken kærtegnede hendes sjæl. I dette øjeblik af forbindelse følte hun en dyb følelse af fred skylle over hende, som om alle svarene, hun havde søgt, pludselig var lagt bare foran hende.

Mens de vendte tilbage til Himmelhaven, bar Astrid og Henrik med sig vindenes visdom, deres hjerter for evigt forandrede af oplevelsen. Selvom deres rejse var nået til vejs ende, vidste de, at de lektioner, de havde lært, ville blive hos dem altid, guide dem på deres vej gennem livet.

Og således fortsatte Nordenvindens hvisken med at lyde i de stille hjørner af Danmark, bærende med sig løftet om eventyr, opdagelse og det menneskelige ånds uendelige potentiale.

The Whispers of the Northern Wind

In the quaint Danish village of Himmelhaven, nestled between rolling hills and meandering streams, there lived a young woman named Astrid. She was known for her wild spirit and her insatiable curiosity, traits that often led her on journeys of both the mind and the heart. But beneath her vibrant facade lay a deep longing, a yearning for something beyond the mundane rhythms of village life.

From a young age, Astrid had been captivated by the stories of the Northern Wind. It was said that the wind carried with it the secrets of the universe, whispering them to those who dared to listen. Many dismissed these tales as mere folklore, but Astrid sensed there was truth hidden within them.

One crisp autumn morning, as the leaves danced in the wind and the air was filled with the scent of apples, Astrid made a decision that would change the course of her life. With a sense of determination burning in her chest, she set out on a journey to seek the elusive Northern Wind.

Her path took her through dense forests and across vast fields, where she encountered strangers who shared tales of their own encounters with the wind. Some spoke of its power to bring about great change, while others warned of the dangers that lay in wait for those who dared to seek it.

Undeterred, Astrid pressed on, her heart filled with a sense of purpose she had never known before. Along the way, she met a young man named Henrik, whose eyes held the same spark of curiosity as her own. Together, they traveled across the rugged landscape of Denmark, their souls intertwined in a quest for truth and meaning.

As they journeyed deeper into the heart of the countryside, they encountered challenges that tested their resolve. They faced treacherous storms and impassable terrain, but through it all, they clung to each other, drawing strength from their bond.

Finally, after weeks of travel, they reached the northernmost tip of Denmark, where the wind blew fiercer than anywhere else. Standing on the edge of the world, Astrid and Henrik felt a sense of awe wash over them. It was here, in this moment, that they understood the true power of the Northern Wind.

With a sense of reverence, Astrid closed her eyes and let the wind envelop her, its whispers caressing her soul. In that moment of connection, she felt a profound sense of peace wash over her, as if all the answers she had been seeking were suddenly laid bare before her.

As they made their way back to Himmelhaven, Astrid and Henrik carried with them the wisdom of the wind, their hearts forever changed by the experience. Though their journey had come to an end, they knew that the lessons they had learned would stay with them always, guiding them on their path through life.

And so, in the quiet corners of Denmark, the whispers of the Northern Wind continued to echo, carrying with them the promise of adventure, discovery, and the boundless potential of the human spirit.

Møllemandens Melankolske Mysterium

I det maleriske danske landsby Skovsted, der ligger gemt mellem marker af gyldent hvede og enge plettede med vilde blomster, stod der en gammel vindmølle kendt som Møllemanden. Dens vejrbidte træblade knirkede og stønnede ved hver omdrejning, som om den hviskede hemmeligheder fra fjerne tider til dem, der turde lytte.

I hjertet af Skovsted boede en kvinde ved navn Ingrid, hvis dage var fyldt med landsbylivets rolige rytme. Hun var en mild sjæl, med øjne der bar visdom fra tiderne og et hjerte der flød over af medfølelse for alle levende ting. Ingrid tilbragte sine dage med at passe sin have, hendes fingre tegnede delikate mønstre i jorden, mens hun hviskede opmuntrende ord til de blomster, der blomstrede under hendes berøring. Men på trods af den fredelige skønhed omkring hende, kunne Ingrid ikke ryste følelsen af, at noget var galt i Skovsted. Det var som om en skygge var faldet over landsbyen, kastet en slør af melankoli over dens engang livlige gader.

En skarp efterårs morgen, mens tågen hang lavt over markerne, og luften var fyldt med duften af træ røg, traf Ingrid en beslutning, der ville ændre hendes livsforløb. Med en følelse af beslutsomhed brændende i sit bryst, begav hun sig ud for at afsløre Møllemandens mysterium.

Mens hun begav sig hen mod landsbyens kant, stødte Ingrid på en ung pige ved navn Astrid, hvis øjne funklede af nysgerrighed og drillesyge. Astrid havde altid følt sig tiltrukket af vindmøllen, dens majestætiske tilstedeværelse knejsede over landskabet som en stille vogter.

Sammen begav Ingrid og Astrid sig ud på en rejse for at afsløre Møllemandens hemmeligheder, deres skridt ekkoede i den skarpe efterårs luft, mens de bevægede sig gennem marker og skove omkring Skovsted.

Der første ledetråd kom i form af en gammel legende, overleveret gennem generationer af landsbyboere. Det blev sagt, at Møllemanden blev beboet af en ånd kendt som Vindmøllemanden, der vogtede landsbyen mod skade og bragte velstand til dem, der behandlede ham med respekt.

Men som de dykkede dybere ned i mysteriet, opdagede Ingrid og Astrid, at der var mere ved legenden end hvad der mødte øjet. Skjult inden i vindmøllens gamle bjælker lå en række ledetråde, hver eneste førte dem tættere på sandheden bag landsbyens melankoli.

Deres efterforskning førte dem til en skjult kammer dybt inde i vindmøllens indre, hvor de afslørede en skattekiste af gamle dokumenter og artefakter, der kastede lys over Skovsteds historie. Det var der, i det flakkende lys fra en lanterne, at de gjorde en chokerende opdagelse – Møllemanden var ikke blot en vogter af landsbyen, men en vogter af dens mørkeste hemmeligheder.

Mens de stykkede Møllemandens puslespil sammen, afslørede Ingrid og Astrid en fortælling om svigt og forløsning, om kærlighed tabt og fundet midt i skæbnens hvirvlende vinde. De lærte om en forbudt romance, der havde revet landsbyen fra hinanden for århundreder siden, efterladende en arv af sorg og fortrydelse, der stadig hang i hjertet af dens beboere.

Men de opdagede også, at magten til at helbrede fortidens sår lå i deres egne hænder. Med landsbyboernes hjælp arbejdede de ufortrødent på at genoprette Møllemanden til dens tidligere herlighed, pustede nyt liv i dens vejrbidte vægge og satte dens blade i bevægelse i vinden igen.

Og mens de første solstråler brød frem over horisonten, badede Skovsted i en gylden glød, stod Ingrid og Astrid sammen ved foden af vindmøllen, deres hjerter lette med visheden om, at de havde hjulpet med at løfte sløret af mørke, der havde skjult deres landsby så længe.

For i Danmarks stille hjørner, hvor vinden hvisker hemmeligheder til dem, der tør at lytte, er der altid håb om en lysere i morgen. Og i fortællingen om Møllemanden fandt Ingrid og Astrid ikke kun nøglen til at løse fortidens mysterier, men også løftet om en fremtid fyldt med muligheder og løfter.

The Melancholy Mystery of the Møllemanden

In the picturesque Danish village of Skovsted, nestled amidst fields of golden wheat and meadows dotted with wildflowers, there stood an ancient windmill known as Møllemanden. Its weathered wooden blades creaked and groaned with each turn, as if whispering secrets of ages long past to those who dared to listen.

At the heart of Skovsted lived a woman named Ingrid, whose days were filled with the quiet rhythm of village life. She was a gentle soul, with eyes that held the wisdom of the ages and a heart that overflowed with compassion for all living things. Ingrid spent her days tending to her garden, her fingers tracing delicate patterns in the earth as she whispered words of encouragement to the blossoms that bloomed beneath her touch.

But despite the tranquil beauty that surrounded her, Ingrid could not shake the feeling that something was amiss in Skovsted. It was as if a shadow had fallen over the village, casting a pall of melancholy over its once vibrant streets.

One crisp autumn morning, as the mist hung low over the fields and the air was filled with the scent of wood smoke, Ingrid made a decision that would change the course of her life. With a sense of determination burning in her chest, she set out to unravel the mystery of the Møllemanden.

As she made her way to the edge of the village, Ingrid encountered a young girl named Astrid, whose eyes sparkled with curiosity and mischief. Astrid had always been drawn to the windmill, its towering presence looming over the landscape like a silent sentinel.

Together, Ingrid and Astrid embarked on a journey to uncover the secrets of the Møllemanden, their footsteps echoing in the crisp autumn air as they made their way through the fields and forests that surrounded Skovsted.

Their first clue came in the form of an old legend passed down through generations of villagers. It was said that the Møllemanden was inhabited by a spirit known as the Windmill Man, who guarded the village against harm and brought prosperity to those who treated him with respect.

But as they delved deeper into the mystery, Ingrid and Astrid discovered that there was more to the legend than met the eye. Hidden within the ancient timbers of the windmill lay a series of clues, each one leading them closer to the truth behind the village's malaise.

Their investigation led them to a hidden chamber deep within the bowels of the windmill, where they uncovered a cache of old documents and artifacts that shed light on the history of Skovsted. It was there, in the flickering light of a lantern, that they made a startling discovery – the Møllemanden was not merely a guardian of the village, but a keeper of its darkest secrets.

As they pieced together the puzzle of the Møllemanden, Ingrid and Astrid uncovered a tale of betrayal and redemption, of love lost and found amidst the swirling winds of fate. They learned of a forbidden romance that had torn the village apart centuries ago, leaving behind a legacy of sorrow and regret that still lingered in the hearts of its inhabitants.

But they also discovered that the power to heal the wounds of the past lay within their own hands. With the help of the villagers, they worked tirelessly to restore the Møllemanden to its former glory, breathing new life into its weathered walls and turning its blades once more in the breeze.

And as the first light of dawn broke over the horizon, bathing Skovsted in a golden glow, Ingrid and Astrid stood together at the foot of the windmill, their hearts light with the knowledge that they had helped to lift the veil of darkness that had shrouded their village for so long.

For in the quiet corners of Denmark, where the wind whispers secrets to those who dare to listen, there is always hope for a brighter tomorrow. And in the tale of the Møllemanden, Ingrid and Astrid found not only the key to unlocking the mysteries of the past, but the promise of a future filled with possibility and promise.

Emil og Marcipan-mysteriet

I den maleriske landsby Fruhagen, gemt væk i det danske landskab, boede en drillende ung dreng ved navn Emil. Med en buste af ustyrligt blondt hår og et glimt i øjet var Emil kendt i hele landsbyen for sine legende optrin og sin uimodståelige nysgerrighed.

En skarp efterårs morgen, mens bladene dansede i brisen, og duften af kanel svævede gennem luften, fandt Emil sig selv tiltrukket af det travle torv. Det var et sted fyldt med undren og spænding, hvor sælgere solgte deres varer, og luften var fyldt med snak fra de sludrende landsbyboere.

Men midt i markedsmyldret opfangede Emils skarpe øjne noget, der pirrede hans interesse - en boder pyntet med et udvalg af farverige konfekture, hver mere fristende end den sidste. Den blev drevet af en excentrisk gammel kvinde kendt som Frau Schmidt, hvis rynkede ansigt brød ud i et tandløst smil, da hun lokkede Emil nærmere.

"Vil du prøve noget af min berømte marcipan, unge mand?" spurgte hun, hendes stemme som klokkeklang.

Emils mave rumlede ved tanken om den søde godbid, og han accepterede ivrigt en prøve fra Frau Schmidts strakte hånd. Mens den cremede marcipan smeltede på hans tunge, følte han en bølge af glæde skylle over ham, som om han var stødt på en skattekiste af skjulte fornøjelser.

Men lille vidste Emil, at der var mere til Frau Schmidts marcipan end hvad øjet mødte. For skjult inden i dens sukkerholdige dybder lå en hemmelig ingrediens - et strejf af magi, der var blevet overleveret gennem generationer af hendes familie.

Mens Emil vandrede rundt på markedet, sit sind summede af tanker om eventyr og spænding, kunne han ikke ryste følelsen af, at noget var galt. Det var som om en skygge var faldet over Fruhagen, kastet en slør af dysterhed over dens engang glade gader.

Fast besluttet på at afsløre kilden til landsbyens mismod, fik Emil hjælp fra sin loyale ledsager, en drillende mus ved navn Klaus. Sammen begav de sig ud på en rejse for at løse marcipan-mysteriet og genoprette glæden i Fruhagen en gang for alle.

Der kunne de se, at Frau Schmidt stod bøjet over sit arbejdsbord, hendes knudrede fingre dansede over overfladen, mens hun mumlede formularer for sig selv.

Det var da Emil indså sandheden - Frau Schmidts marcipan var ikke bare en lækker godbid, men et redskab til narrestreger og ballade. Med et tungt hjerte vidste han, at han måtte sætte en stopper for hendes onde planer, før det var for sent.

Så Emil trådte frem, med Klaus ved sin side. Med en armbevægelse slog han glasset med magisk marcipan ud af Frau Schmidts greb, og det sendte det ned til gulvet i et brusebad af sukkerholdige gnister.

Mens landsbyboerne samlede sig omkring, deres øjne store af chok og vantro, forklarede Emil alt, hvad han havde opdaget - fra den skjulte ingrediens i Frau Schmidts marcipan til hendes planer om at sprede kaos og uenighed gennem Fruhagen.

Med et kollektivt gisp vendte landsbyboerne sig mod Frau Schmidt, deres vrede tydelig i luften. Men Emil trådte frem, hans stemme rolig og stabil.

"Vi må ikke lade hendes handlinger dele os," sagde han. "For det er vores enhed og styrke, der vil føre os igennem selv de mørkeste tider."

Og således, med Emils vejledning, samledes landsbyboerne for at rydde op og genopbygge deres elskede landsby. Mens de arbejdede side om side, løftede deres ånder sig, og snart var gaderne i Fruhagen igen fyldt med latter og glæde.

Og selvom mindet om Frau Schmidts marcipanmysterium stadig lå i landsbyboernes sind, vidste de, at så længe de stod sammen, kunne de overvinde enhver forhindring, der kom deres vej.

For i den magiske verden af Fruhagen, hvor det almindelige og det ekstraordinære fletter sig sammen i en dans af undren og glæde, er alt muligt for dem, der tør at drømme.

Emil and the Marzipan Mystery

In the quaint village of Fruhagen, tucked away in the Danish countryside, there lived a mischievous young boy named Emil. With a shock of unruly blond hair and a twinkle in his eye, Emil was known throughout the village for his playful antics and his insatiable curiosity.

One crisp autumn morning, as the leaves danced in the breeze and the scent of cinnamon wafted through the air, Emil found himself drawn to the bustling market square. It was a place of wonder and excitement, where vendors peddled their wares and the air was filled with the chatter of gossiping townsfolk.

But amid the hustle and bustle of the market, Emil's keen eyes caught sight of something that piqued his interest – a stall adorned with an array of colorful confections, each more tempting than the last. It was run by an eccentric old woman known as Frau Schmidt, whose wrinkled face broke into a toothless grin as she beckoned Emil closer.

"Would you like to try some of my famous marzipan, young man?" she asked, her voice like the tinkling of bells.

Emil's stomach rumbled at the thought of the sweet treat, and he eagerly accepted a sample from Frau Schmidt's outstretched hand. As the creamy marzipan melted on his tongue, he felt a rush of delight wash over him, as if he had stumbled upon a treasure trove of hidden delights.

But little did Emil know, there was more to Frau Schmidt's marzipan than met the eye. For hidden within its sugary depths lay a secret ingredient – a pinch of magic that had been passed down through generations of her family.

As Emil wandered through the market, his mind abuzz with thoughts of adventure and excitement, he couldn't shake the feeling that something was amiss. It was as if a shadow had fallen over Fruhagen, casting a pall of gloom over its once cheerful streets.

Determined to uncover the source of the village's malaise, Emil enlisted the help of his loyal companion, a mischievous mouse named Klaus. Together, they embarked on a journey to unravel the mystery of the marzipan and restore joy to Fruhagen once more.

Their investigation led them to the quaint bakery on the edge of town, where Frau Schmidt spent her days crafting her magical confections. With Klaus perched on his shoulder, Emil crept through the shadows, his heart pounding with excitement.

But as they peered through the bakery window, they were met with a sight that sent chills down their spines. Frau Schmidt stood hunched over her worktable, her gnarled fingers dancing across the surface as she muttered incantations under her breath.

It was then that Emil realized the truth – Frau Schmidt's marzipan was not simply a delicious treat, but a tool of mischief and mayhem. With a heavy heart, he knew that he must put an end to her wicked schemes before it was too late.

Summoning all his courage, Emil burst through the bakery door, Klaus at his side. With a flourish of his arm, he knocked the jar of magic marzipan from Frau Schmidt's grasp, sending it crashing to the floor in a shower of sugary sparks.

As the villagers gathered round, their eyes wide with shock and disbelief, Emil explained everything he had discovered – from the hidden ingredient in Frau Schmidt's marzipan to her plans to spread chaos and discord throughout Fruhagen.

With a collective gasp, the villagers turned on Frau Schmidt, their anger palpable in the air. But Emil stepped forward, his voice calm and steady. "We mustn't let her actions divide us," he said. "For it is our unity and strength that will see us through even the darkest of times."

And so, with Emil's guidance, the villagers rallied together to clean up the mess and rebuild their beloved village. As they worked side by side, their spirits lifted, and soon the streets of Fruhagen were once again filled with laughter and joy.

And though the memory of Frau Schmidt's marzipan mischief lingered in the minds of the villagers, they knew that as long as they stood together, they could overcome any obstacle that came their way.

For in the magical world of Fruhagen, where the ordinary and the extraordinary intertwine in a dance of wonder and delight, anything is possible for those who dare to dream.

Café Amor: En Kærlighedshistorie fra København

I hjertet af København, hvor gaderne summede af de lokale samtaler og duften af nyligt brygget kaffe hang tungt i luften, stod der en charmerende lille café kendt som Café Amor. Med dens hyggelige atmosfære og væggene prydet med vintageplakater og eventyrlys, var det et tilflugtssted for romantikere og drømmere ens.

I spidsen for Café Amor var en kvinde ved navn Astrid, hvis varme smil og kvikke humor endeared hende til alle, der krydsede hendes vej. Med en forkærlighed for historiefortælling og en passion for alt, hvad der havde med kærlighed at gøre, havde hun forvandlet caféen til et tilflugtssted for dem, der søgte trøst i favnen af en god bog eller omfavnelsen af en åndsfælle.

Men under Astrids glade facade lå en hemmelig længsel - en ønske om en kærlighedshistorie af sin egen, der kunne måle sig med dem, hun så ivrigt delte med sine kunder. For på trods af hendes bedste bestræbelser på at spille kupid, havde hun endnu ikke fundet en kærlighed, der antændte hendes hjerte som de flakkende lys på Café Amors borde.

En solrig morgen, mens de første stråler af daggry malede himlen i nuancer af pink og guld, fandt Astrid sig selv draget mod vinduet i sin café, hendes blik hvilende på den travle gade udenfor. Det var en scene lige ud af et eventyr, med par, der slentrede hånd i hånd, og latteren fyldte luften som musik.

Men mens Astrid så verden gå forbi, gjorde hendes hjerte ondt af en længsel, hun ikke kunne navngive. Det var en følelse, hun var blevet alt for bekendt med gennem årene - ensomhedens smerte, frygten for aldrig at finde den, der ville fuldende hende på enhver måde.

Fast besluttet på at ryste sin melankoli af sig, kastede Astrid sig over sit arbejde, hilste kunder velkommen med sit varemærkesmil og serverede dampende kopper kaffe med en smule charme. Men prøv som hun kunne, kunne hun ikke ryste følelsen af, at noget manglede i hendes liv.

Det var da skæbnen indgriben på den mest uventede måde. For mens Astrid gik om sin dag, gik en fremmed gennem Café Amors døre - en mand ved navn Lars, hvis øjne funklede af narrestreger, og hvis smil bar en antydning af mysterium.

Fra det øjeblik deres øjne mødtes, følte Astrid en gnist af noget, hun længe havde troet mistet - et glimt af håb, en hvisken om mulighed. Og da Lars tog plads ved et af bordene ved vinduet, følte hun en rus af spænding løbe gennem hendes årer, som om universet endelig havde opfyldt hendes dybeste ønske.

Med en nyfundet følelse af formål begyndte Astrid at fortrylle Lars med sin kvikkehed og varme, fortælle ham historier om kærlighed og eventyr, mens hun hældte ham kop efter kop af sin fineste kaffe. Og mens de talte og lo, følte hun sig selv falde for ham dybere med hvert øjeblik, der gik, som om han havde låst op for en del af hendes sjæl, hun havde holdt skjult for længe.

Men mens timerne gik, og solen sank under horisonten, kunne Astrid ikke lade være med at undre sig over, om Lars følte det samme for hende. Var han bare en, der passerede gennem hendes liv som så mange andre før ham, eller var han den, hun havde ventet på hele tiden?

Med en følelse af ængstelse farvet af håb tog Astrid et spring i troen og inviterede Lars til at slutte sig til hende til middag på en nærliggende bistro. Og mens de sad under de funklende lys på den udendørs terrasse, delte historier og drømme og hemmeligheder, længe holdt tæt til deres hjerter, vidste hun i det øjeblik, at hun endelig havde fundet sin egen kærlighedshistorie - lige her i hjertet af København, på Café Amor.

For i den magiske verden af romantik, hvor det almindelige bliver ekstraordinært, og det umulige bliver muligt, er alt muligt for dem, der tør tro på kærlighedens kraft. Og som Astrid og Lars dansede under stjernerne, deres hjerter flettet sammen i en melodi af håb og glæde, vidste de, at deres kærlighed ville vare for evigt, som de tidløse fortællinger, der havde inspireret dem til at tro på et lykkeligt liv efter.

Café Amor: A Love Story from Copenhagen

In the heart of Copenhagen, where the streets hummed with the chatter of locals and the scent of freshly brewed coffee lingered in the air, there stood a charming little café known as Café Amor. With its cozy atmosphere and its walls adorned with vintage posters and fairy lights, it was a haven for romantics and dreamers alike.

At the helm of Café Amor was a woman named Astrid, whose warm smile and quick wit endeared her to all who crossed her path. With a flair for storytelling and a passion for all things love-related, she had transformed the café into a sanctuary for those seeking solace in the arms of a good book or the embrace of a kindred spirit.

But beneath Astrid's cheerful facade lay a secret longing – a desire for a love story of her own to rival those she so eagerly shared with her customers. For despite her best efforts to play matchmaker, she had yet to find a love that set her heart ablaze like the flickering candles that adorned the tables of Café Amor.

One sunny morning, as the first rays of dawn painted the sky in hues of pink and gold, Astrid found herself drawn to the window of her café, her gaze lingering on the bustling street outside. It was a scene straight out of a fairy tale, with couples strolling hand in hand and laughter filling the air like music.

But as Astrid watched the world go by, her heart ached with a longing she could not name. It was a feeling she had grown all too familiar with over the years – the ache of loneliness, the fear of never finding the one who would complete her in every way.

Determined to shake off her melancholy, Astrid threw herself into her work, greeting customers with her trademark smile and serving up steaming cups of coffee with a dash of charm. But try as she might, she could not shake the feeling that something was missing from her life.

It was then that fate intervened in the most unexpected of ways. For as Astrid went about her day, a stranger walked through the doors of Café Amor – a man named Lars, whose eyes sparkled with mischief and whose smile held a hint of mystery.

From the moment their eyes met, Astrid felt a spark of something she had long thought lost – a glimmer of hope, a whisper of possibility. And as Lars took a seat at one of the tables by the window, she felt a rush of excitement course through her veins, as if the universe had finally granted her deepest wish.

With a newfound sense of purpose, Astrid set about charming Lars with her wit and warmth, regaling him with tales of love and adventure as she poured him cup after cup of her finest coffee. And as they talked and laughed, she felt herself falling for him more deeply with each passing moment, as if he had unlocked a part of her soul she had kept hidden away for far too long.

But as the hours slipped by and the sun dipped below the horizon, Astrid couldn't help but wonder if Lars felt the same way about her. Was he just passing through her life like so many others before him, or was he the one she had been waiting for all along?

With a sense of trepidation tinged with hope, Astrid took a leap of faith and invited Lars to join her for dinner at a nearby bistro. And as they sat beneath the twinkling lights of the outdoor terrace, sharing stories and dreams and secrets long held close to their hearts, she knew in that moment that she had finally found her own love story – right here in the heart of Copenhagen, at Café Amor.

For in the magical world of romance, where the ordinary becomes extraordinary and the impossible becomes possible, anything is possible for those who dare to believe in the power of love. And as Astrid and Lars danced beneath the stars, their hearts intertwined in a melody of hope and joy, they knew that their love would endure for all eternity, like the timeless tales that had inspired them to believe in happily ever after.

Emil og det Fortryllede Gåde

I den charmerende landsby Himmelsted, der lå mellem bølgende bakker og frodige skove, boede en dreng ved navn Emil. Med sit uregerlige fnug af sandfarvet hår og hans øjne, der funklede af nysgerrighed, var Emil kendt langt omkring som den mest eventyrlystne sjæl i landsbyen.

En lys morgen, mens solen badede Himmelsted i et gyldent skær, og fuglene sang sødt i træerne, begav Emil sig ud på sit mest dristige eventyr hidtil. Udstyret med intet andet end et slidt kort og et hjerte fyldt af beslutsomhed, begav han sig ud på en quest for at afsløre hemmelighederne i det Fortryllede Skov, der lå uden for landsbyens grænser.

Det Fortryllede Skov blev sagt at være et sted af undren og magi, hvor træerne hviskede hemmeligheder til dem, der turde lytte, og bækkenes sang melodier, der rungede gennem tiderne. Men det var også et farligt sted, hvor mytiske skabninger lurede i skyggerne, og mystiske kræfter udøvede magt ud over forestillingsevnen.

Uanfægtet af de forsigtige fortællinger, hviskede af landsbyboerne, pressede Emil på, hans skridt genlydende i skovens stilhed, da han bevægede sig dybere ind i dens hjerte. Undervejs stødte han på alle slags forhindringer - fra farlige kløfter til høje klipper - men med hvert udfordring voksede hans beslutsomhed kun stærkere.

Mens Emil dybere ind i det Fortryllede Skov, følte han en følelse af undren skylle over sig, som om han var trådt ind i en verden lige ud af et eventyr. Overalt, hvor han kiggede, var der vidundere at skue - fra skinnende damme, der afspejlede stjernerne, til høje træer, der syntes at strække sig op til himlen selv.

Men som dagene gik og ugerne gik, og Emil fandt sig selv ikke tættere på at afsløre hemmelighederne i det Fortryllede Skov, begyndte han at føle en følelse af frustration kravle ind. Det syntes, at uanset hvor hårdt han søgte, forblev svarene, han søgte, lige uden for rækkevidde.

Fast besluttet på at afsløre sandheden, søgte Emil vejledning hos den kloge gamle ugle, der boede i skovens hjerte. Med dens gennemborende blik og dens gamle visdom havde uglen længe været hædret af landsbyboerne som et symbol på viden og indsigt.

Men da Emil nærmede sig uglenes hvilested, blev han mødt med en overraskelse - for uglen var ingen andre end en ung pige ved navn Lila, hvis øjne havde den samme gnist af nysgerrighed som hans egen. Sammen begav de sig ud på en rejse for at låse op for hemmelighederne i det Fortryllede Skov og afsløre sandheden, der lå skjult inden for dens dybder.

Da de dybere ind i skovens mysterier, stødte Emil og Lila på alle slags udfordringer - fra gamle gåder, der var udskåret i træernes bark, til fortryllede skabninger, der bevogtede skovens hemmeligheder med en intens bestemmelse. Men med hver prøve de stod over for, voksede deres bånd stærkere, indtil de var lige så uadskillelige som træernes grene selv.

Og endelig, efter uger med søgen, snublede Emil og Lila over den største hemmelighed af alle - kilden til det Fortryllede Skovs magi, gemt dybt inde i hjertet af en skjult lysning. Der, omgivet af naturens skønhed og vindenes hvisken, opdagede de den sande kraft i venskab og de uendelige muligheder, der lå inden for deres rækkevidde.

Da de trådte ud af det Fortryllede Skov, deres hjerter fyldt med undren og deres sind i brand med drømme om fremtidige eventyr, vidste Emil og Lila, at deres rejse langt fra var slut. For i den magiske verden af Himmelsted, hvor det almindelige og det ekstraordinære flettede sig sammen i en dans af undren og glæde, var alt muligt for dem, der turde tro på fantasiens magt.

Emil and the Enchanted Enigma

In the quaint village of Himmelsted, nestled amidst rolling hills and lush forests, there lived a boy named Emil. With his unruly mop of sandy hair and his eyes that sparkled with curiosity, Emil was known far and wide as the most adventurous soul in the village.

One bright morning, as the sun bathed Himmelsted in a golden glow and the birds sang sweetly in the trees, Emil set out on his most daring adventure yet. Armed with nothing but a worn-out map and a heart full of determination, he embarked on a quest to uncover the secrets of the Enchanted Forest that lay beyond the village's borders.

The Enchanted Forest was said to be a place of wonder and magic, where the trees whispered secrets to those who dared to listen and the streams sang melodies that echoed through the ages. But it was also a place of danger, where mythical creatures lurked in the shadows and mysterious forces wielded power beyond imagining.

Undeterred by the tales of caution whispered by the villagers, Emil pressed on, his footsteps echoing in the silence of the forest as he ventured deeper into its heart. Along the way, he encountered all manner of obstacles – from treacherous ravines to towering cliffs – but with each challenge, his resolve only grew stronger.

As Emil journeyed deeper into the Enchanted Forest, he felt a sense of wonder wash over him, as if he had stepped into a world straight out of a fairy tale. Everywhere he looked, there were wonders to behold – from shimmering pools that reflected the stars to towering trees that seemed to stretch up to the heavens themselves.

But as the days turned into weeks and Emil found himself no closer to unraveling the mysteries of the Enchanted Forest, he began to feel a sense of frustration creeping in. It seemed that no matter how hard he searched, the answers he sought remained just out of reach.

Determined to uncover the truth, Emil sought the guidance of the wise old owl who dwelled at the heart of the forest. With its piercing gaze and its ancient wisdom, the owl had long been revered by the villagers as a symbol of knowledge and insight.

But as Emil approached the owl's perch, he was met with a surprise – for the owl was none other than a young girl named Lila, whose eyes held the same spark of curiosity as his own. Together, they embarked on a journey to unlock the secrets of the Enchanted Forest and uncover the truth that lay hidden within its depths.

As they delved deeper into the mysteries of the forest, Emil and Lila encountered all manner of challenges – from ancient riddles carved into the bark of trees to enchanted creatures who guarded the secrets of the forest with fierce determination. But with each trial they faced, their bond grew stronger, until they were as inseparable as the branches of the trees themselves.

And finally, after weeks of searching, Emil and Lila stumbled upon the greatest secret of all – the source of the Enchanted Forest's magic, hidden deep within the heart of a hidden glade. There, surrounded by the beauty of nature and the whispers of the wind, they discovered the true power of friendship and the endless possibilities that lay within their grasp.

As they emerged from the Enchanted Forest, their hearts filled with wonder and their minds ablaze with dreams of future adventures, Emil and Lila knew that their journey was far from over. For in the magical world of Himmelsted, where the ordinary and the extraordinary intertwined in a dance of wonder and delight, anything was possible for those who dared to believe in the power of imagination.

Tidens Fortællinger

I den kystnære by Skagen, hvor Nordsøen kyssede kysterne med blide hvisken, og himlen malede et evigt skiftende lærred af farver, boede en kvinde ved navn Ingrid. Med sit strømmende rødlige hår og øjne, der bar visdommen fra tidligere generationer, var Ingrid en fortæller som ingen andre, der vævede fortællinger om kærlighed og tab, der fangede hjertet hos alle, der lyttede.

Født ind i en familie af fiskere og søfarende, havde Ingrid altid følt kaldet fra havet dybt inden i sin sjæl. Fra en ung alder havde hun vandret langs Skagens kyster, hendes bare fødder synkende ned i den bløde sand, mens hun så bølgerne slå mod klipperne med en tordnende brøl.

Men som Ingrid blev ældre, indså hun, at livet i Skagen ikke altid var så idyllisk, som det så ud til. For under dens rolige overflade lå en verden af hemmeligheder og mysterier, af hjertesorg og længsel, der genlød gennem generationerne som skriget fra en søfugl om natten.

En stormfuld nat, mens vinde hylede og bølgerne churnede med vrede, ramte tragedien Skagens kyster. Et skibbrud havde krævet flere fiskeres liv og efterladt sig et spor af ødelæggelse i dets kølvand.

Blandt vraget fandt Ingrid en ung mand ved navn Henrik, hans krop blevet ramt og mishandlet af havets uophørlige angreb. Med en følelse af medlidenhed brændende i sit bryst, plejede hun hans sår og plejede ham tilbage til sundhed, hendes hjerte smertende med hver forbigående dag, mens hun så ham kæmpe for at finde sin vej i en verden, der var blevet revet fra hinanden af tabet.

Men da Henriks styrke vendte tilbage, og sårene på hans krop helbredes, fornemmede Ingrid en mørke, der lurede inden i ham - en skygge, der syntes at følge ham, hvor end han gik. Det var, som om havet selv havde krævet en del af hans sjæl og efterladt et tomrum, der aldrig kunne fyldes.

Fast besluttet på at hjælpe Henrik med at finde fred, begav Ingrid sig ud på en rejse for at afsløre hans fortids hemmeligheder og dykke ned i Skagens historie i jagten på svar. På vejen stødte hun på en række karakterer - fra vise gamle fiskere, der talte i gåder, til gådefulde søfarere, der havde sejlet de syv have for at finde tabte skatte.

Men det var fortællingerne om Ingrids egne forfædre, der indeholdt nøglen til at låse Henriks hjerte op. For begravet inden for siderne af hendes families historie lå en historie om kærlighed og offer, om en forbudt romance, der havde trodset tidens og tidevandets grænser.

Mens Ingrid samlede fortidens fragmenter, forstod hun den sande karakter af Henriks lidelse - en smerte, der var blevet videregivet gennem generationerne som en fakkel i mørket. Og da hun kiggede ind i hans øjne, så hun spejlingen af sin egen længsel, en stille bøn om forståelse og forløsning.

Med en følelse af beslutsomhed brændende i sit bryst, svor Ingrid at bryde den cyklus af fortvivlelse, der havde plaget hendes familie i generationer. Sammen med Henrik satte hun sig for at genoplive deres tabte arv og skabe en ny vej frem, der bar løftet om heling og fornyelse.

Og mens de stod sammen på Skagens kyster, deres hænder flettet sammen som rødderne af et gammelt træ, vidste de, at deres kærlighed ville vare for evigt, transcendere tidens og tidevandets grænser. For i den mystiske verden af Skagen, hvor havet hviskede hemmeligheder til dem, der turde lytte, var alt muligt for dem, der turde tro på kærlighedens magt.

The Tales of Time

In the coastal town of Skagen, where the North Sea kissed the shores with gentle whispers and the sky painted an ever-changing canvas of colors, there lived a woman named Ingrid. With her flowing auburn hair and eyes that held the wisdom of generations past, Ingrid was a storyteller unlike any other, weaving tales of love and loss that captivated the hearts of all who listened.

Born into a family of fishermen and seafarers, Ingrid had always felt the call of the ocean deep within her soul. From a young age, she had wandered the shores of Skagen, her bare feet sinking into the soft sand as she watched the waves crash against the rocks with a thunderous roar.

But as Ingrid grew older, she came to realize that life in Skagen was not always as idyllic as it seemed. For beneath its tranquil surface lay a world of secrets and mysteries, of heartache and longing that echoed through the generations like the cry of a seabird in the night.

One stormy night, as the winds howled and the waves churned with fury, tragedy struck the shores of Skagen. A shipwreck had claimed the lives of several fishermen, leaving behind a trail of devastation in its wake.

Among the wreckage, Ingrid found a young man named Henrik, his body battered and bruised from the relentless onslaught of the sea. With a sense of compassion burning in her chest, she tended to his wounds and nursed him back to health, her heart aching with each passing day as she watched him struggle to find his way in a world that had been torn apart by loss.

But as Henrik's strength returned and the wounds of his body healed, Ingrid sensed a darkness lurking within him – a shadow that seemed to follow him wherever he went. It was as if the sea itself had claimed a piece of his soul, leaving behind a void that could never be filled.

Determined to help Henrik find peace, Ingrid embarked on a journey to uncover the secrets of his past, delving into the depths of Skagen's history in search of answers. Along the way, she encountered a cast of characters – from wise old fishermen who spoke in riddles to enigmatic seafarers who had sailed the seven seas in search of lost treasures.

But it was the tales of Ingrid's own ancestors that held the key to unlocking Henrik's heart. For buried within the pages of her family's history lay a story of love and sacrifice, of a forbidden romance that had defied the boundaries of time and tide.

As Ingrid pieced together the fragments of the past, she came to understand the true nature of Henrik's suffering – a pain that had been passed down through the generations like a torch in the darkness. And as she looked into his eyes, she saw the reflection of her own longing mirrored back at her, a silent plea for understanding and redemption.

With a sense of determination burning in her chest, Ingrid vowed to break the cycle of despair that had plagued her family for generations. Together with Henrik, she set out to reclaim their lost heritage, forging a new path forward that held the promise of healing and renewal.

And as they stood together on the shores of Skagen, their hands entwined like the roots of an ancient tree, they knew that their love would endure for all eternity, transcending the boundaries of time and tide. For in the mystical realm of Skagen, where the sea whispered secrets to those who dared to listen, anything was possible for those who dared to believe in the power of love.

Skyggen over Aarhus: En detektivhistorie

Det var en tåget morgen i Aarhus, den slags der omsluttede byen som et tykt tæppe, slørede horisonten og kastede en dyster skygge over de brostensbelagte gader. Detektiv Lars Pedersen stod ved vinduet på sit kontor, sit blik fæstnet på den grå himmel udenfor, hans sind optaget af tanker om sagen, der havde hjemsøgt ham i uger.

Sagen var startet uskyldigt nok – en efterlysning af en forsvunden person, indgivet af en fortvivlet ægtemand, en kone, der var forsvundet sporløst midt om natten. Men da Lars dykkede dybere ned i efterforskningen, indså han snart, at der var mere til forsvindingen, end der mødte øjet.

Med hver dag der gik, voksede listen over mistænkte længere, nettet af bedrag og forræderi mere forvredet. Fra jaloux elskere til utilfredse forretningspartnere syntes alle at have et motiv til at ønske den forsvundne kvinde væk.

Men midt i kaosset og forvirringen kunne Lars ikke ryste følelsen af, at noget var galt – en skygge, der lurede lige uden for synsfeltet, en følelse af ubehag, der gnagede i hans samvittighed som en rotte i væggene.

Fast besluttet på at afsløre sandheden, begav Lars sig ud for at genopleve den forsvundne kvindes sidst kendte bevægelser, følgende en sti af brødkrummer, der førte ham gennem Aarhus' mørke underverden. Fra skumle barer til forfaldne gyder søgte han efter spor, hans sanser i live for byens pulserende nuancer.

Men jo mere Lars gravede, desto dybere fandt han sig selv viklet ind i løgnenes net, der omgav sagen. Med hver ny ledetråd kom en ny mistænkt, hver mere flygtig end den forrige, hver med deres egne hemmeligheder at beskytte.

Mens Lars kæmpede for at gøre mening ud af kaosset omkring ham, fandt han en uventet allieret i form af Anna, en gadeklog informant med en evne til at finde problemer. Med hendes hjælp lykkedes det Lars

at samle brikkerne i puslespillet, afsløre en sammensværgelse, der rakte
langt ud over Aarhus' grænser.

Men mens de dykkede dybere ned i mysteriets kerne, fandt Lars og Anna
sig selv fanget i et dødeligt spil af katten efter musen, deres hver bevægelse
overvåget af usete øjne, og deres hver skridt forfulgt af fare.

I et desperat kapløb mod tiden kæmpede Lars og Anna med næb og klør
for at bringe sandheden for dagen, deres hver åndedrag en kamp mod
mørket, der truede med at opsluge dem. Og mens de nærmede sig den
undvigende bagmand bag forsvindingen, stod de over for et valg – at
konfrontere skyggerne, der lurede i dybderne af deres egne sjæle, eller at
trække sig tilbage til lysets sikkerhed.

I en endelig konfrontation på de regnvåde gader i Aarhus konfronterede
Lars og Anna bagmanden bag forsvindingen, deres våben trukket og
deres hjerter fyldt med beslutsomhed. I en hvirvel af skud og desperation
kæmpede de for at bringe retfærdighed til den forsvundne kvinde og
lukning til hendes sørgende ægtemand.

Og som solen steg op over Aarhus, kastede lange skygger over byens
gader, stod Lars og Anna sejrrige, deres mission fuldført, og deres hjerter
tunge af mørkets vægt, de havde stået over for. For i forbrydelsens og
straffens verden, hvor grænsen mellem rigtigt og forkert blev sløret som
tidens skiftende sand, var det modet og beslutsomheden hos
enkeltpersoner som Lars og Anna, der sikrede, at retfærdigheden ville
sejre.

The Shadow Over Aarhus: A Detective Story

It was a misty morning in Aarhus, the kind that enveloped the city like a thick blanket, obscuring the horizon and casting a pall of gloom over the cobblestone streets. Detective Lars Pedersen stood at the window of his office, his gaze fixed on the gray sky outside, his mind consumed by thoughts of the case that had been haunting him for weeks.

The case had started innocently enough – a missing person report filed by a distraught husband, a wife who had vanished without a trace in the dead of night. But as Lars delved deeper into the investigation, he soon realized that there was more to the disappearance than met the eye.

With each passing day, the list of suspects grew longer, the web of deceit and betrayal more tangled. From jealous lovers to disgruntled business partners, everyone seemed to have a motive for wanting the missing woman gone.

But amidst the chaos and confusion, Lars couldn't shake the feeling that something was amiss – a shadow lurking just beyond the edges of his vision, a sense of unease that gnawed at his conscience like a rat in the walls.

Determined to uncover the truth, Lars set out to retrace the missing woman's last known movements, following a trail of breadcrumbs that led him through the dark underbelly of Aarhus. From seedy bars to dilapidated alleyways, he searched for clues, his senses alive to the subtle nuances of the city's pulse.

But the more Lars dug, the deeper he found himself entangled in the web of lies that surrounded the case. With each new lead came a new suspect, each more elusive than the last, each with their own secrets to protect.

As Lars struggled to make sense of the chaos unfolding around him, he found an unexpected ally in the form of Anna, a streetwise informant with a knack for sniffing out trouble. With her help, Lars was able to piece together the fragments of the puzzle, uncovering a conspiracy that reached far beyond the confines of Aarhus.

But as they delved deeper into the heart of the mystery, Lars and Anna found themselves drawn into a deadly game of cat and mouse, their every move watched by unseen eyes and their every step dogged by danger.

In a desperate race against time, Lars and Anna fought tooth and nail to bring the truth to light, their every breath a battle against the darkness that threatened to consume them. And as they closed in on the elusive mastermind behind the disappearance, they found themselves faced with a choice – to confront the shadows that lurked in the depths of their own souls, or to retreat into the safety of the light.

In a final showdown on the rain-soaked streets of Aarhus, Lars and Anna confronted the mastermind behind the disappearance, their weapons drawn and their hearts filled with determination. In a flurry of gunfire and desperation, they fought to bring justice to the missing woman and closure to her grieving husband.

And as the sun rose over Aarhus, casting long shadows across the city streets, Lars and Anna stood victorious, their mission accomplished and their hearts heavy with the weight of the darkness they had faced. For in the world of crime and punishment, where the line between right and wrong blurred like the shifting sands of time, it was the courage and determination of individuals like Lars and Anna that ensured that justice would prevail.

Skygger i Midnattssolen

Fiskerlandsbyen lå stille under den ubarmhjertige glans fra midnatssolen. En enlig skikkelse, Henrik, bevægede sig ned ad den vejrslidte bølgebryder, hans skridt genlydende mod de slidte træplanker. Den salte brise hviskede historier om fjerne kyster, men Henrik tænkte ikke på dem. Han havde mere presserende anliggender for hånden.

Henrik var en mand af få ord, hans vejrbidte ansigt indgraveret med linjer fra et liv levet på verdens kant. Hans hænder, hårdhændede fra års slid, afslørede de vanskeligheder, han havde gennemlevet – stormene overlevet, kampene kæmpet, og kærlighederne mistet i tidens ubarmhjertige dans.

I aften var Henriks tanker optaget af én ting og én ting alene – det undvigende væsen, der havde hjemsøgt hans drømme, så længe han kunne huske. Den legendariske søslange, sagt at lure i dybet af Nordsøen, dens glinsende skæl glimtede som sølv i månens blege lys.

Med en stålsat beslutsomhed besteg Henrik sin lille fiskebåd, Nordlys, og satte sejl ud i den kulsorte mørke, der strakte sig ud foran ham. Havet var roligt, en vidtstrakt udstrækning af flydende obsidian, der slugte horisonten hel. Men Henrik vidste bedre end at stole på havets rolige facade. Under dens overflade lå fortællinger, der ikke var blevet fortalt, mysterier, der lokkede dem, der var modige nok til at søge dem.

I timer sejlede Henrik, hans blik fæstnet på den fjerne horisont. Solen hang lavt på himlen, kastede lange skygger over Nordlys' dæk. Luften var tung af forventning, stilheden blev kun brudt af den rytmiske knirken fra båden og de sørgmodige skrig fra søfugle, der cirklede overhead.

Som timerne gik, begyndte Henriks beslutsomhed at vakle. Tvivlen krøb ind i hans sind som en tyv om natten, hviskende historier om dårskab og fiasko. Men Henrik var en mand af handling, ikke ord. Han stilnede tvivlens stemme med en dystert beslutsomhed, hans kæbe stillet som granit mod det uophørlige tidevand af usikkerhed.

Og så, lige når al håb syntes tabt, fik Henrik øje på det – en skygge lurende under overfladen, mørk og snørklet, som en slange krøllet på lur. Hans hjerte sprang i hans bryst, hans hænder rystede, da han nåede efter sin harpun. Dette var det – øjeblikket han havde ventet på, kulminationen af et liv brugt på at jage skygger i midnatssolen.

Med et primært brøl stak Henrik harpunen ned i vandet, hans muskler spændte imod vægten af hans bytte. Havet eksploderede i en virvel af skum og stænk, Nordlys rystede voldsomt under hans fødder. Men Henrik holdt fast, hans greb urokkeligt, mens han kæmpede med skabningen fra dybet.

Og så, lige så pludseligt som det var begyndt, ophørte kampen. Havet blev atter roligt, den eneste lyd var de rolige bølgers sagte klappen mod Nordlys' skrog. Henrik kiggede ned over kanten af båden, hans hjerte hamrende i hans bryst.

Der, flydende i vandet nedenfor, lå havslangen – et pragtfuldt væsen, dens skæl glinsede i den svage morgendæmring. Et øjeblik var Henrik fyldt af ærefrygt og undren, hans ånde grebet i hans hals ved synet af sådan skønhed.

Men så ramte virkeligheden ham som en bølge, der brød på kysten. Havslangen var død, dens livløse øjne stirrede tomt ud i havets uendelige ekspanse. Og Henrik, for al hans tapperhed og beslutsomhed, stod tilbage med intet andet end en følelse af tomhed – et tomrum, som ingen mængde skat eller ære nogensinde kunne håbe at fylde.

Med et tungt hjerte løsnede Henrik havslangen, iagttog hvordan dens livløse form forsvandt under bølgerne. Og da den første morgensol krøb over horisonten, vendte han Nordlys mod hjemmet, hans tanker optaget af forgæves søgen efter sin søgen og tilværelsens flygtige natur i en verden, hvor skygger dansede i midnatssolen.

Shadows in the Midnight Sun

The fishing village lay quiet under the unforgiving glare of the midnight sun. A solitary figure, Henrik, made his way down the weather-beaten pier, his footsteps echoing against the worn wooden planks. The salty breeze whispered tales of distant shores, but Henrik paid them no mind. He had more pressing matters at hand.

Henrik was a man of few words, his weathered face etched with the lines of a life lived on the edge of the world. His hands, calloused from years of toil, betrayed the hardships he had endured—the storms weathered, the battles fought, and the loves lost in the relentless dance of time.

Tonight, Henrik's thoughts were consumed by one thing and one thing only—the elusive creature that had haunted his dreams for as long as he could remember. The legendary sea serpent, said to lurk in the depths of the North Sea, its shimmering scales glinting like silver in the pale light of the moon.

With a steely resolve, Henrik boarded his small fishing boat, the Nordlys, and set sail into the inky darkness that stretched out before him. The sea was calm, a vast expanse of liquid obsidian that swallowed the horizon whole. But Henrik knew better than to trust the tranquil facade of the ocean. Beneath its surface lay secrets untold, mysteries that beckoned to those brave enough to seek them out.

For hours, Henrik sailed on, his gaze fixed on the distant horizon. The sun hung low in the sky, casting long shadows across the deck of the Nordlys. The air was heavy with anticipation, the silence broken only by the rhythmic creaking of the boat and the mournful cry of seabirds circling overhead.

As the hours passed, Henrik's resolve began to waver. Doubt crept into his mind like a thief in the night, whispering tales of folly and failure. But Henrik was a man of action, not words. He silenced the voice of doubt with a grim determination, his jaw set like granite against the relentless tide of uncertainty.

And then, just when all hope seemed lost, Henrik spotted it—a shadow lurking beneath the surface, dark and sinuous, like a serpent coiled in wait. His heart leapt in his chest, his hands trembling as he reached for his harpoon. This was it—the moment he had been waiting for, the culmination of a lifetime spent chasing shadows in the midnight sun.

With a primal roar, Henrik plunged the harpoon into the water, his muscles straining against the weight of his quarry. The sea erupted in a frenzy of foam and spray, the Nordlys rocking violently beneath his feet. But Henrik held fast, his grip unyielding as he wrestled with the creature from the depths.

And then, just as suddenly as it had begun, the struggle ceased. The sea grew calm once more, the only sound the gentle lapping of waves against the hull of the Nordlys. Henrik peered over the edge of the boat, his heart pounding in his chest.

There, floating in the water below, lay the sea serpent—a magnificent creature, its scales shimmering in the faint light of dawn. For a moment, Henrik was filled with a sense of awe and wonder, his breath catching in his throat at the sight of such beauty.

But then reality crashed down upon him like a wave breaking upon the shore. The sea serpent was dead, its lifeless eyes staring blankly into the infinite expanse of the ocean. And Henrik, for all his bravery and determination, was left with nothing but a sense of emptiness—a void that no amount of treasure or glory could ever hope to fill.

With a heavy heart, Henrik cut the serpent loose, watching as its lifeless form disappeared beneath the waves. And as the first light of dawn crept over the horizon, he turned the Nordlys toward home, his thoughts consumed by the futility of his quest and the fleeting nature of existence in a world where shadows danced in the midnight sun.

Ole og den Magiske Kat

I hjertet af Danmark, indlejret mellem bølgende bakker og frodige enge, lå byen Højby. Livet i Højby var så almindeligt, som det kunne være, indtil en skæbnesvanger dag, hvor Ole Andersen opdagede en besynderlig kat, der lurede i skyggerne på byens torv.

Ole var en dristig knægt med et hjerte af guld og en forkærlighed for eventyr. Med sit kaotiske hår og en glimt i øjet var han den slags dreng, der kunne snuse sig frem til ballade på en mils afstand. Og da han stødte på den mystiske kat, vidste han, at hans liv var ved at tage en usædvanlig drejning.

Katten, en elegant sort skabning med øjne så klare som stjerner, betragtede Ole med en nysgerrighedens mine. Dens pels knitrede af en overjordisk energi, og da Ole rakte ud for at ae den, mærkede han en snurren af magi, der løb gennem hans fingerspidser.

"Hvem er du så?" spurgte Ole, hans stemme fyldt med undren.

Katten betragtede ham med et vidende blik, før den udtalte et enkelt ord med en stemme, der lød som klokker, der klingede i vinden.

"Merlin."

Og således, med Merlin ved sin side, begav Ole sig ud på en række fantastiske eventyr, der førte dem til de fjerneste egne af Danmark og videre.

Deres første eventyr førte dem til den fortryllede skov Rold Skov, hvor træer hviskede hemmeligheder, og feer dansede i måneskinnet. Dybt inde i skovens hjerte stødte de på en flok drillende gnomer, der var op til narrestreger.

Med Merlins magiske kunnen og Oles hurtige tænkning udmanøvrerede de gnomerne og reddede en familie af fortabte pindsvin, der var blevet ofre for deres ondskabsfulde planer. Som tak for deres mod førte pindsvinene Ole og Merlin til en skjult glæde, hvor blomsterne blomstrede i nuancer af blåt og guld - et sted uberørt af tidens gang, hvor magi stadig havde sin indflydelse.

Deres næste eventyr førte dem til de travle gader i København, hvor de afslørede en dæmonisk plan udtænkt af en ond troldmand, der havde til hensigt at kaste verden ud i mørket. Udstyret med intet andet end deres snarrådighed og en håndfuld fortryllede småkager bagt af Oles bedstemor, forhindrede de troldmandens planer og reddede byen fra visse undergang.

Men deres største eventyr af alle kom, da de snublede over et glemt kongerige gemt under bølgerne i Nordsøen. Der stødte de på havfruer med stemmer som sølvklokker og søuhyrer med tænder så skarpe som dolke. Med hjælp fra deres nyfundne venner dykkede de dybt ind i kongerigets hjerte, hvor de opdagede en skat mere værdifuld end guld - en magisk kugle, der havde magten til at opfylde ethvert ønske.

Til sidst vendte Ole og Merlin tilbage til Højby som helte, deres lommer fyldt med minder om deres utrolige eventyr. Men mens de så solen gå ned over horisonten, der kastede et gyldent skær over byens torv, vidste de, at deres eventyr langtfra var slut.

For med Merlin ved sin side vidste Ole, at alt var muligt - selv på de mest almindelige steder, kunne magi altid findes, hvis man vidste, hvor man skulle lede. Og således, med et blink og et smil, begav Ole og Merlin sig ud i solnedgangen, klar til at begynde deres næste store eventyr.

Ole and the Magical Cat

In the heart of Denmark, nestled between rolling hills and verdant meadows, lay the town of Højby. Life in Højby was as ordinary as could be, until one fateful day when Ole Andersen discovered a peculiar cat lurking in the shadows of the town square.

Ole was a plucky lad with a heart of gold and a penchant for adventure. With his mop of unruly hair and a twinkle in his eye, he was the sort of boy who could sniff out mischief from a mile away. And when he stumbled upon the mysterious feline, he knew that his life was about to take a turn for the extraordinary.

The cat, a sleek black creature with eyes as bright as stars, regarded Ole with an air of curiosity. Its fur crackled with an otherworldly energy, and as Ole reached out to pet it, he felt a tingle of magic ripple through his fingertips.

"Who are you, then?" Ole asked, his voice tinged with wonder.

The cat regarded him with a knowing gaze before uttering a single word in a voice that sounded like bells tinkling in the wind.

"Merlin."

And so, with Merlin by his side, Ole embarked on a series of fantastical adventures that would take them to the farthest reaches of Denmark and beyond.

Their first adventure took them to the enchanted forest of Rold Skov, where trees whispered secrets and fairies danced in the moonlight. Deep within the heart of the forest, they stumbled upon a band of mischievous goblins who were up to no good.

With Merlin's magical prowess and Ole's quick thinking, they outsmarted the goblins and rescued a family of lost hedgehogs who had fallen prey to their wicked schemes. As thanks for their bravery, the hedgehogs led Ole and Merlin to a hidden glade where the flowers bloomed in shades of blue and gold—a place untouched by the passage of time where magic still held sway.

Their next adventure took them to the bustling streets of Copenhagen, where they uncovered a dastardly plot hatched by an evil sorcerer intent on plunging the world into darkness. Armed with nothing but their wits and a handful of enchanted biscuits baked by Ole's grandmother, they thwarted the sorcerer's plans and saved the city from certain doom.

But their greatest adventure of all came when they stumbled upon a forgotten kingdom hidden beneath the waves of the North Sea. There, they encountered mermaids with voices like silver bells and sea monsters with teeth as sharp as daggers. With the help of their newfound friends, they delved deep into the heart of the kingdom, where they discovered a treasure more precious than gold—a magical orb that held the power to grant any wish.

In the end, Ole and Merlin returned to Højby as heroes, their pockets filled with memories of their incredible adventures. But as they watched the sun set over the horizon, casting a golden glow over the town square, they knew that their adventures were far from over.

For with Merlin by his side, Ole knew that anything was possible—even in the most ordinary of places, magic could always be found if you knew where to look. And so, with a wink and a smile, Ole and Merlin set off into the sunset, ready to embark on their next great adventure.

Lille Lars

Engang for længe siden, i en malerisk landsby gemt mellem bølgende grønne bakker i Danmark, boede der en lille dreng ved navn Lars. Lars var ikke som de andre børn i landsbyen. Mens de brugte deres dage på at lege fangeleg og løbe rundt efter hinanden, foretrak Lars at udforske verden omkring ham.

En solrig morgen, mens Lars vandrede gennem skoven nær sit hjem, faldt han over et mystisk gammelt kort, der lå under en knudret egetræ. Kortet var vejrbidt og falmet, med stiplede linjer der førte til ukendte destinationer. Lars' øjne blev store af nysgerrighed, da han studerede de indviklede mærker.

"Jeg undrer mig på, hvor dette kort fører hen," mumlede Lars for sig selv. Med en følelse af spænding boblende indeni besluttede han sig for at følge kortet og afsløre dets hemmeligheder.

Mens Lars vandrede dybere ind i skoven, stødte han på alle mulige magiske væsner - fra drillende nisser til venlige kæmper. Hvert møde fyldte Lars med undren og glæde, og han kunne ikke lade være med at beundre skønheden omkring sig.

Efter hvad der føltes som timer med vandring, nåede Lars endelig til kortets ende. Foran ham stod et pragtfuldt slot, dets tårne strakte sig op mod himlen som fingre, der strækker sig mod solen. Lars' hjerte bankede af forventning, da han nærmede sig slotporten.

Til hans overraskelse åbnede portene med en knirken og afslørede en stor gård fyldt med farverige blomster og flagrende sommerfugle. I midten af gården stod en vis gammel ugle, dens øjne funklede af gammel viden.

"Hilsener, unge rejsende," hooted uglen. "Jeg har ventet på dig."

Lars blinkede forbløffet. "Mig? Men hvordan vidste du, at jeg kom?"

Uglen fnisede blidt. "Kortet, du bærer, indeholder nøglen til at låse mysterierne i dette kongerige op. Kun de med et rent hjerte og en nysgerrig ånd kan komme ind."

Lars følte en varm glød af stolthed brede sig i ham. Han havde altid troet, at der var mere til verden, end det øjet møder, og nu havde han fundet bevis for det.

Med uglen som sin guide udforskede Lars hvert hjørne af det fortryllede slot. Han beundrede de høje boghylder fyldt med gamle bøger og hviskede hemmeligheder, og han lo af fryd, da han dansede med slottets spøgelser i den månelyste balsal.

Men som dagene gik, begyndte Lars at føle et træk i sit hjerte. Han savnede sin familie og venner derhjemme, og han længtes efter at dele sit utrolige eventyr med dem.

"Jeg må vende tilbage til min landsby," fortalte Lars uglen bedrøvet. "Men jeg vil aldrig glemme de vidundere, jeg har set her."

Uglen nikkede forstående. "Frygt ikke, unge Lars. De minder, du har skabt, vil altid være hos dig, og denne places magi vil altid være en del af dig."

Med et tungt hjerte sagde Lars farvel til det fortryllede slot og begyndte rejsen tilbage til sin landsby. På vejen mødte han mange af de samme magiske væsner, han havde mødt før, og hver enkelt hilste ham velkommen som en gammel ven.

Da Lars endelig kom hjem, blev han mødt med åbne arme af sin familie og venner. Mens han berettede om sine ekstraordinære eventyr, indså han, at den største eventyr af alle var hjertets rejse - og at uanset hvor livet tog ham hen, ville Danmark altid være hans hjem.

Og så, med et glimt i øjet og et smil på læben, vidste Lars, at uanset hvilke eventyr der ventede ham, ville han altid bære ånden af nysgerrighed og undren med sig, hvor han end gik.

Little Lars

Once upon a time, in a quaint village nestled among rolling green hills in Denmark, there lived a little boy named Lars. Lars was not like the other children in the village. While they spent their days playing tag and chasing each other around, Lars preferred to explore the world around him.

One sunny morning, as Lars was wandering through the forest near his home, he stumbled upon a mysterious old map lying beneath a gnarled oak tree. The map was weathered and faded, with dotted lines leading to unknown destinations. Lars's eyes widened with curiosity as he studied the intricate markings.

"I wonder where this map leads," Lars mused to himself. With a sense of excitement bubbling inside him, he decided to follow the map and uncover its secrets.

As Lars journeyed deeper into the forest, he encountered all sorts of magical creatures – from mischievous pixies to gentle giants. Each encounter filled Lars with wonder and joy, and he couldn't help but marvel at the beauty of the world around him.

After what felt like hours of walking, Lars finally reached the end of the map. Before him stood a magnificent castle, its towers reaching up towards the sky like fingers stretching towards the sun. Lars's heart raced with anticipation as he approached the castle gates.

To his surprise, the gates swung open with a creak, revealing a grand courtyard filled with colorful flowers and fluttering butterflies. At the center of the courtyard stood a wise old owl, its eyes twinkling with ancient knowledge.

"Greetings, young traveler," the owl hooted. "I have been expecting you."

Lars blinked in astonishment. "Me? But how did you know I was coming?"

The owl chuckled softly. "The map you carry holds the key to unlocking the mysteries of this kingdom. Only those with a pure heart and a curious spirit may enter."

Lars felt a warm glow of pride spread through him. He had always believed that there was more to the world than met the eye, and now he had found proof of it.

With the owl as his guide, Lars explored every corner of the enchanted castle. He marveled at the towering bookshelves filled with ancient tomes and whispered secrets, and he laughed with delight as he danced with the castle's resident ghosts in the moonlit ballroom.

But as the days passed, Lars began to feel a tug at his heartstrings. He missed his family and friends back home, and he longed to share his incredible adventure with them.

"I must return to my village," Lars told the owl sadly. "But I will never forget the wonders I have seen here."

The owl nodded understandingly. "Fear not, young Lars. The memories you have made will stay with you forever, and the magic of this place will always be a part of you."

With a heavy heart, Lars bid farewell to the enchanted castle and began the journey back to his village. Along the way, he encountered many of the same magical creatures he had met before, and each one greeted him like an old friend.

When Lars finally arrived home, he was greeted with open arms by his family and friends. As he regaled them with tales of his extraordinary adventure, he realized that the greatest adventure of all was the journey of the heart – and that no matter where life took him, Denmark would always be his home.

And so, with a twinkle in his eye and a smile on his face, Lars knew that no matter what adventures lay ahead, he would always carry the spirit of curiosity and wonder with him, wherever he went.

De Fantastiske Eventyr af Timmy og Tilly

Engang for længe siden, i hjertet af Danmark, boede der to bedste venner ved navn Timmy og Tilly. Timmy var en nysgerrig dreng med briller på næsen, og Tilly var en fnisende pige med fletninger, der hoppede op og ned, mens hun hoppede af sted. Sammen var de uovervindelige.

En solrig dag, mens Timmy og Tilly legede i deres baghave, faldt de over en gammel kiste skjult under en bunke efterårsblade. Med skælvende hænder løftede Timmy låget, og til deres forbløffelse fandt de et støvet gammelt kort indeni.

"Wow! Hvad er det her?" udbrød Tilly, hendes øjne udvidede sig af spænding.

"Det ligner et skattekort!" svarede Timmy, hans hjerte bankede af spænding.

Uden et øjebliks tøven besluttede Timmy og Tilly at følge kortet og afsløre dets hemmeligheder. Med kortet klemt fast i Timmys hånd begav de sig ud på deres store eventyr.

Deres rejse førte dem gennem frodige grønne skove, forbi skinnende floder og over bølgende bakker dækket af farverige vilde blomster. Undervejs stødte de på alle mulige magiske væsener - fra venlige elvere til drillende trolde.

Mens de rejste dybere ind i Danmarks hjerte, voksede Timmy og Tillys venskab stærkere for hver dag, der gik. De lo sammen, de græd sammen, og de delte hemmeligheder, som kun de bedste venner kunne kende.

Men lige da de troede, at deres eventyr ikke kunne blive mere spændende, stødte de på en skjult hule gemt i siden af en klippe. Med bated åndedræt krympede de indeni, deres hjerter bankede af spænding.

Til deres forbløffelse var hulen fyldt med glitrende skat - bunker af guld mønter, skinnende ædelstene og glimtende kroner. Timmy og Tillys øjne udvidede sig af undren, da de betragtede skattehullet foran dem.

"Det er utroligt!" udstødte Tilly, hendes hænder skælvede af spænding.

"Jeg kan ikke tro, at vi fandt det!" udbrød Timmy, hans stemme fyldt med ærefrygt.

Men da de rakte ud for at røre ved skatten, rungede en stemme gennem hulen og sendte gysninger ned ad deres rygge.

"Hvem vover at forstyrre min skat?" brølede en dyb stemme fra skyggerne.

Timmy og Tilly vendte sig om for at se en høj figur dukke frem fra mørket - en frygtindgydende drage med skæl så sorte som natten og øjne der glødede som flammende gløder.

"Vi... vi mente ikke at forstyrre dig," stammede Timmy, hans stemme rystede af frygt.

Dragen betragtede dem mistænksomt, men så blødgjorde dens udtryk.

"I er modige at være kommet så langt," rumlede dragen. "Men denne skat tilhører mig. Jeg kan ikke tillade jer at tage den."

Timmy og Tillys hjerter sank. De var kommet så langt, og nu syntes deres eventyr at være slut.

Men så fik Tilly en idé. Hun rakte ned i lommen og trak en blank rød æble frem.

"Vi har måske ikke nogen skat at tilbyde dig," sagde hun og rakte æblet frem. "Men måske vil du acceptere dette som en gestus af vores venskab."

Dragen betragtede æblet et øjeblik, så med en godkendende brummen tog den æblet fra Tillys hånd.

"Du har vist venlighed og mod," sagde dragen, dens stemme blødgjort. "For det vil jeg opfylde jer et ønske."

Timmy og Tilly så på hinanden, deres øjne funklede af spænding.

"Vi ønsker en sikker passage hjem," sagde de sammen.

Med et nik fra sit hoved opfyldte dragen deres ønske. Og mens Timmy og Tilly begav sig tilbage hjem, vidste de, at de altid ville værdsætte minderne om deres fantastiske eventyr - og venskabet, der havde gjort det hele muligt.

The Amazing Adventures of Timmy and Tilly

Once upon a time, in the heart of Denmark, there lived two best friends named Timmy and Tilly. Timmy was a curious boy with glasses perched on his nose, and Tilly was a giggly girl with pigtails bouncing as she skipped along. Together, they were unstoppable.

One sunny day, as Timmy and Tilly were playing in their backyard, they stumbled upon an old chest hidden beneath a pile of autumn leaves. With trembling hands, Timmy lifted the lid, and to their amazement, they found a dusty old map inside.

"Wow! What's this?" exclaimed Tilly, her eyes widening with excitement. "It looks like a treasure map!" Timmy replied, his heart racing with anticipation.

Without a moment's hesitation, Timmy and Tilly decided to follow the map and uncover its secrets. With the map clutched tightly in Timmy's hand, they set off on their grand adventure.

Their journey took them through lush green forests, past sparkling rivers, and over rolling hills dotted with colorful wildflowers. Along the way, they encountered all sorts of magical creatures – from friendly elves to mischievous trolls.

As they journeyed deeper into the heart of Denmark, Timmy and Tilly's friendship grew stronger with each passing day. They laughed together, they cried together, and they shared secrets that only the best of friends could know.

But just when they thought their adventure couldn't get any more exciting, they stumbled upon a hidden cave nestled in the side of a cliff. With bated breath, they crept inside, their hearts pounding with excitement.

To their amazement, the cave was filled with glittering treasure – piles of gold coins, sparkling jewels, and shimmering crowns. Timmy and Tilly's eyes widened with wonder as they gazed upon the treasure trove before them.

"This is incredible!" gasped Tilly, her hands trembling with excitement.

"I can't believe we found it!" exclaimed Timmy, his voice filled with awe.

But as they reached out to touch the treasure, a voice echoed through the cave, sending shivers down their spines.

"Who dares to disturb my treasure?" boomed a deep voice from the shadows.

Timmy and Tilly turned to see a towering figure emerge from the darkness – a fearsome dragon with scales as black as night and eyes that glowed like fiery embers.

"We... we didn't mean to disturb you," stammered Timmy, his voice shaking with fear.

The dragon eyed them suspiciously, but then its expression softened.

"You are brave to have come this far," the dragon rumbled. "But this treasure belongs to me. I cannot allow you to take it."

Timmy and Tilly's hearts sank. They had come so far, and now it seemed their adventure had come to an end.

But then, Tilly had an idea. She reached into her pocket and pulled out a shiny red apple.

"We may not have treasure to offer you," she said, holding out the apple. "But perhaps you would accept this as a token of our friendship."

The dragon eyed the apple for a moment, then with a rumble of approval, it reached out and took the apple from Tilly's hand.

"You have shown kindness and bravery," the dragon said, its voice softening. "For that, I will grant you one wish."

Timmy and Tilly looked at each other, their eyes sparkling with excitement.

"We wish for safe passage home," they said together.

With a nod of its head, the dragon granted their wish. And as Timmy and Tilly made their way back home, they knew that they would always cherish the memories of their amazing adventure – and the friendship that had made it all possible.

Pippa og Slottet

Engang for længe siden, i en hyggelig landsby gemt mellem Danmarks rullende grønne bakker, boede der en nysgerrig pige ved navn Pippa. Pippa havde en vild fantasi og et hjerte fyldt med undren, og hun var altid på udkig efter eventyr.

En solrig morgen, mens Pippa vandrede gennem landsbyens torv, snublede hun over et mystisk gammelt kort, gemt væk i hjørnet af en støvet boghandel. Kortet var slidt og falmet, med stiplede linjer der førte til ukendte destinationer. Pippas øjne funklede af spænding, mens hun fulgte de gamle mærker med sine fingre.

"Jeg undrer mig på, hvor dette kort fører hen," hviskede Pippa til sig selv, hendes fantasi løb løbsk.

Med et let trin besluttede Pippa sig for at følge kortet og afsløre dets hemmeligheder. Med kortet klemt fast i sin hånd begav hun sig ud på sit store eventyr, hendes hjerte bankede af spænding.

Hendes rejse førte hende gennem snoede brostensgader, forbi maleriske hytter med stråtag og over rislende bække foret med duftende vilde blomster. Undervejs stødte hun på alle mulige fascinerende karakterer - fra venlige bønder der passede deres marker til drillende nisser der legede skarnskab i skoven.

Mens hun rejste dybere ind i Danmarks hjerte, voksede Pippas spænding kun. Hun vidste, at hun var på kanten af at opdage noget virkelig ekstraordinært.

Endelig, efter hvad der føltes som timer med vandring, nåede Pippa til slutningen af kortet. Foran hende stod et majestætisk slot, dets tårne rakte op mod himlen som fingre strakt mod solen. Pippas ånde blev fanget i hendes hals, da hun betragtede det storslåede syn.

Med en skælvende hånd skubbede Pippa slotportene op og trådte ind. Luften var fyldt med eventyrets duft, og Pippas hjerte bankede af spænding, mens hun udforskede hvert eneste hjørne af det gamle fæstning.

Men lige da hun var ved at opgive håbet om at finde noget af betydning, snublede Pippa over et skjult kammer gemt væk i slottets dybder. Indenfor fandt hun en skat ud over hendes vildeste drømme - hylder fyldt med gamle pergamentsruller og støvede værker, hver fyldt med fortællinger om dristige eskapader og mystiske eventyr.

Mens Pippa dykkede ned i de gamle manuskripter, følte hun en følelse af undren vaske over hende. Hun indså, at den sande skat ved hendes rejse ikke var de rigdomme hun havde opdaget, men den viden og visdom hun havde opnået undervejs.

Med et smil på læben og et hjerte fyldt af taknemmelighed sagde Pippa farvel til det fortryllede slot og begav sig tilbage hjem. Mens hun gik gennem landsbyens torv, kunne hun ikke lade være med at føle en følelse af stolthed over at vide, at hun havde påbegyndt et stort eventyr og opdaget magien, der lå skjult i verden omkring hende.

Og så, med mindet om hendes ekstraordinære rejse frisk i hendes sind, vidste Pippa, at uanset hvor livet førte hende hen, ville hun altid bære ånden af nysgerrighed og undren med sig, der ville guide hende på mange flere eventyr, der endnu skulle komme.

Pippa and the Castle

Once upon a time, in a cozy village nestled amidst Denmark's rolling green hills, there lived a curious girl named Pippa. Pippa had a wild imagination and a heart full of wonder, and she was always on the lookout for adventures.

One sunny morning, as Pippa was wandering through the village square, she stumbled upon a mysterious old map tucked away in the corner of a dusty bookstore. The map was worn and faded, with dotted lines leading to unknown destinations. Pippa's eyes sparkled with excitement as she traced her fingers along the ancient markings.

"I wonder where this map leads," Pippa whispered to herself, her imagination running wild.

With a skip in her step, Pippa decided to follow the map and uncover its secrets. With the map clutched tightly in her hand, she set off on her grand adventure, her heart pounding with anticipation.

Her journey took her through winding cobblestone streets, past quaint cottages with thatched roofs, and over babbling brooks lined with fragrant wildflowers. Along the way, she encountered all sorts of fascinating characters – from friendly farmers tending to their fields to mischievous elves playing pranks in the forest.

As she journeyed deeper into the heart of Denmark, Pippa's excitement only grew. She knew that she was on the brink of discovering something truly extraordinary.

Finally, after what felt like hours of walking, Pippa reached the end of the map. Before her stood a majestic castle, its turrets reaching towards the sky like fingers stretching towards the sun. Pippa's breath caught in her throat as she gazed upon the magnificent sight.

With a trembling hand, Pippa pushed open the castle gates and stepped inside. The air was filled with the scent of adventure, and Pippa's heart raced with excitement as she explored every nook and cranny of the ancient fortress.

But just as she was about to give up hope of finding anything of significance, Pippa stumbled upon a hidden chamber tucked away in the depths of the castle. Inside, she found a treasure beyond her wildest dreams – shelves lined with ancient scrolls and dusty tomes, each filled with tales of daring escapades and mystical adventures.

As Pippa pored over the ancient manuscripts, she felt a sense of wonder wash over her. She realized that the true treasure of her journey was not the riches she had uncovered, but the knowledge and wisdom she had gained along the way.

With a smile on her face and a heart full of gratitude, Pippa bid farewell to the enchanted castle and made her way back home. As she walked through the village square, she couldn't help but feel a sense of pride knowing that she had embarked on a grand adventure and discovered the magic that lay hidden within the world around her.

And so, with the memory of her extraordinary journey fresh in her mind, Pippa knew that no matter where life took her, she would always carry the spirit of curiosity and wonder with her, guiding her on many more adventures yet to come.

9 798224 232703